BEI GRIN MACHT SICH IHR WISSEN BEZAHLT

AF136078

- - Wir veröffentlichen Ihre Hausarbeit, Bachelor- und Masterarbeit

- - Ihr eigenes eBook und Buch - weltweit in allen wichtigen Shops

- - Verdienen Sie an jedem Verkauf

Jetzt bei www.GRIN.com hochladen und kostenlos publizieren

Auswirkungen moderner Technologien auf die IT-Architektur einer exemplarischen Organisation

Jonas Klumski

Bibliografische Information der Deutschen Nationalbibliothek:

Die Deutsche Nationalbibliothek verzeichnet diese Publikation in der Deutschen Nationalbibliografie; detaillierte bibliografische Daten sind im Internet über http://dnb.d-nb.de abrufbar.

ISBN: 9783346598578
Dieses Buch ist auch als E-Book erhältlich.

Druck und Bindung: Books on Demand GmbH, Norderstedt Germany
Gedruckt auf säurefreiem Papier aus verantwortungsvollen Quellen

Das vorliegende Werk wurde sorgfältig erarbeitet. Dennoch übernehmen Autoren und Verlag für die Richtigkeit von Angaben, Hinweisen, Links und Ratschlägen sowie eventuelle Druckfehler keine Haftung.

Das Buch bei GRIN: https://www.grin.com/document/1176748

Hausarbeit

Auswirkungen moderner Technologien auf die IT-Architektur einer exemplarischen Organisation

abgegeben am 08. Januar 2022 über die Online-Abgabe
SRH Fernhochschule

Modul: Technologische Grundlagen und Management von IT
Studiengang: (M.Sc.) Digital Management & Transformation

von
Jonas Klumski
Studiengang: (M.Sc.) Digital Management & Transformation

Inhaltsverzeichnis

Abbildungsverzeichnis

1 Einleitung

Im Folgenden werden einleitend Problemstellung, Zielsetzung und der Aufbau dieser Ausarbeitung dargelegt.

1.1 Problemstellung

Moderne Technologien, wie etwa das Internet der Dinge oder Künstliche Intelligenz erfahren im Zuge der Digitalisierung starke Ausbreitung im Privathaushalt, aber auch insbesondere in beruflichen Kontexten, womit moderne Gesellschaften, wie auch zahlreiche Unternehmen vor einer fundamentalen Veränderung stehen (Ziefle, 2013, S. 84; Arnold, Frieß, Roose & Werkmann, 2020, S. 6). Hochtechnologische Systeme erhalten Einzug in eine stetig digitaler und globaler werdende Gesellschaft, die sich nach Mechanisierung, Elektrifizierung und Informatisierung der Industrie nun derweilen in der 4. industriellen Revolution befindet (Hellinger, Stumpf & Kobsda, 2013, S. 5). Die Art des Kommunizierens, die Datenverarbeitung, der Umgangs mit Informationen, wie auch sämtliche Unternehmensabläufe verändern sich grundlegend, ganz gleich ob in digital aufgerüsteten Start-ups oder traditionell erprobten Konzernen (Ziefle, 2013, S. 84; Kaufmann & Servatius, 2020, Vorwort). Auch die Systemlandschaft der Unternehmen wächst dabei stetig an, doch wird sie mit steigender Größe auch zunehmend komplexer, unübersichtlicher und unflexibler (Schütz, 2017, S. 10 ff.). Eine Capgemini Studie aus 2017 zeigt, dass die Komplexität der IT-Landschaft zu den größten Herausforderungen von CIOs gehört (Scheid & Prädel, 2017, S. 10). Im Laufe der Jahre sammelte sich in vielen Unternehmen eine Vielzahl unterschiedlicher Lösungen und verflochtene Altsysteme an, aufgrund von immer neuen Geschäftsanforderungen und fehlender langfristiger Planung (Ross, Weill & Robertson, 2006). In Gartners CIO Survey 2020 gaben zwei Drittel der befragten CIOs zudem an, dass sie ihre Kapazität bereits dadurch voll ausschöpfen, lediglich das tägliche Geschäft am Laufen zu halten, womit sie kaum Ressourcen für Restrukturierungen haben (Costello & Rimol, 2020). Die IT der Unternehmen steht somit vor der Herausforderung, eine Beeinträchtigung des Kerngeschäfts zu verhindern, diverse Hygienefaktoren zu erfüllen und gleichzeitig über neue Technologiefelder im Bilde zu sein, um Trends und Technologien frühzeitig erkennen und implementieren zu können.

1.2 Zielsetzung

IT-Architekten gestalten die komplette Systemlandschaft eines Unternehmens, was mittlerweile zu einer fundamentalen Herausforderung wird, da insbesondere große Unternehmen im Laufe der Zeit eine hohe Anzahl an IT-Systemen angesammelt haben, oft sogar im dreistelligen Bereich (Keller & Oelmeier, 2014, S. 60 ff.). Laut IDG Research kommen dabei neben den Kosten für das Aufrüsten und Vereinfachen der Systemlandschaft auch neue Herausforderungen auf, wie etwa die IT-Sicherheit und technologische Aspekte, sobald Teile der IT modernisiert werden sollen (Hülsbömer, 2021, S. 1 ff.). Geschäftsführer und Manager drängen zudem darauf, dass neue Anwendungen und Systeme oder gar gänzliche neue Strategien, wie beispielsweise Cloud-Comupting-Strategien integriert werden (Hülsbömer, 2021, S. 1 ff.). Den IT-Architekten muss es nun also gelingen all diese Perspektiven zu berücksichtigen und eine klare Handlungsempfehlung mit langfristiger Planung vorzulegen, um auch in Zukunft eine überschaubare und flexible Systemlandschaft vorweisen zu können. Diese Ausarbeitung setzt an dieser Stelle an, indem die IT-Landschaft eines exemplarischen Praxisfalls beschrieben wird. Aufbauend auf dieser Beschreibung werden fünf Hypothesen zu den Auswirkungen moderner Technologiefelder aufgestellt, die dieses Unternehmen und die IT-Architektur betreffen können. Diese sollen dabei möglichst generalisierbar sein, um sie auch auf andere Fälle übertragen zu können.

1.3 Aufbau der Arbeit

In dieser Ausarbeitung soll zunächst die theoretische Grundlage erläutert werden, zu der die Definition der Unternehmensarchitektur, das Management der IT-Architektur, klassische IT-Architekturmodelle, aber auch die Entwicklungsstufen von IT-Architekturen hin zur digitalen Architektur, wie auch neue Konzepte, beziehungsweise moderne IT-Architekturen gehören. Abgeschlossen wird dieses Kapitel mit neuen innovativen Technologiefeldern, beziehungsweise der Erläuterung der Industrie 4.0, die erheblichen Einfluss auf die IT-Architektur nehmen kann. Nach einer kurzen Zusammenfassung wird in Kapitel 3 schließlich der exemplarische Anwendungsfall beschrieben, ehe fünf Thesen zu möglichen Auswirkungen auf die IT-Architektur aufgestellt werden. Die Ausarbeitung wird mit einem Fazit abgeschlossen.

2 Theoretisch-konzeptionelle Grundlage

Bevor ein konkreter Anwendungsfall skizziert werden kann, sollen zunächst theoretisch-konzeptionelle Grundlagen rund um die IT-Architektur dargelegt werden.

2.1 IT-Architektur

Um ein grundlegendes Verständnis zu erlangen, wird zunächst auf den Begriff der Unternehmensarchitektur, sowie der IT-Architektur eingegangen, ehe das Management der IT-Architektur näher erläutert wird. Abgeschlossen wird dieses Kapitel mit der Nennung einiger klassischer IT-Architekturen.

2.1.1 Definition IT-Architektur

Ursprünglich beschreibt der Begriff der Architektur einen Erstellungsprozess von Gebäuden und Städten oder auch die Gesamtheit von Bauten eines Stiles oder einer Epoche (Schütz, 2017, S. 16). Im Laufe der Zeit wurde der Begriff nicht nur auf Gebäude bezogen, sondern auch in wissenschaftlichen Disziplinen zur Beschreibung von Konstruktionen oder Strukturen genutzt, beispielsweise in der Naturwissenschaft oder eben in der Wirtschaftsinformatik (Schütz, 2017, S. 16). So ist die Architektur von Informationssystemen ebenfalls wie klassische Gebäude charakterisiert durch diverse miteinander verbundene Elemente, die in Prozesslandkarten dokumentiert sind (Schütz, 2017, S. 16).

Eine Unternehmensarchitektur, auch als *Enterprise Architecture* bezeichnet, kann aus unterschiedlichen Perspektiven betrachtet werden, welche die vier Architekturebenen der Geschäftsprozesse, Daten, Anwendungen und Infrastruktur umfasst (Ross et al., 2006; Ahlemann, Stettiner, Messerschmidt & Legner, 2012; vgl. Abbildung 1). Eine einheitliche Definition liegt dabei in der relevanten Literatur nicht vor, weshalb die Unternehmensarchitektur auch in einen Bereich der Geschäftsarchitektur und einen Bereich der IT-Architektur eingeteilt werden kann (Dern, 2006, S. 22; Tiemeyer, 2009, S. 74 ff.; vgl. Abbildung 1). "Enterprise architecture (EA) is the definition and representation of a high-level view of an enterprise's business processes and IT systems, their interrelationships, and the extent to which these processes and systems are shared by different parts of the enterprise" (Tamm, Seddon, Shanks & Reynolds, 2011, S. 141). Eine *Enterprise Architecture* beschreibt somit das Zusammenspiel der genannten Ebenen. Während die Geschäftsarchitektur alle nicht-technischen Elemente enthält und somit beispielsweise die Ausgestaltung von Geschäftsprozessen, Aktivitäten, Aufgaben und Services darstellt, fallen unter die Begriffsbezeichnung der IT-Architektur, die in dieser Ausarbeitung im Fokus liegen soll, sämtliche statische, wie auch dynamische Bestandteile der IT innerhalb einer Organisation, welche sich mit folgenden Punkten zusammenfassen lassen (Tiemeyer, 2009, S. 74 ff.; Marty, 2004, S. 1; vgl. Abbildung 1):

- IT-Infrastruktur (zum Beispiel Hardware)
- Software und Anwendungen
- Integrationsschnittstellen und -mechanismen
- Integration von Technologien
- Datenstrukturen
- Architektur-Management

4

Überwiegend haben IT-Architekturen somit einen sehr technisch ausgeprägten Charakter, bei dem technische Rahmenvorgaben den Kern stellen (Marty, 2004, S. 1). Ebenso entscheidend ist dabei allerdings vor allem die Ausrichtung der IT-Architektur in Bezug auf die strategischen Ziele des Unternehmens, wobei ein Konflikt zwischen technischer Exzellenz und Unternehmenszielen unbedingt vermieden werden sollte (Marty, 2004, S. 1). Insbesondere im Umfeld moderner Technologien gilt es, die IT-Architektur nicht als statisches Gebilde, sondern dynamisch zu konzipieren, um sie an veränderte Rahmenbedingungen anpassen zu können (Marty, 2004, S. 1). So sollten „Architekturentscheide immer dann auf der Basis eines IT-Architektur-Business-Case entschieden werden, wenn es um mehr als nur punktuelle Anpassungen und Ergänzungen geht" (Marty, 2004, S. 1). Ebensolche Business-Cases umfassen zum einen die technische Argumentationsgrundlage, wie auch die Auswirkungen auf das Erreichen strategischer Unternehmensziele. Die IT-Architektur ist somit ein entscheidender Baustein in der IT- und Unternehmensstrategie (Marty, 2004, S. 1).

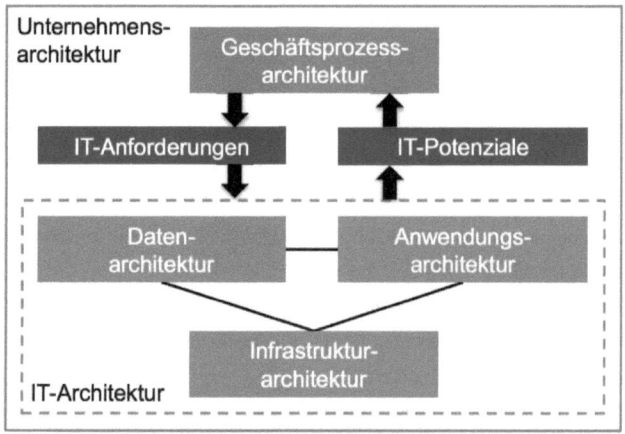

Abbildung 1: Unternehmens- und IT-Architektur nach Marty (2004)

2.1.2 Das Management der IT-Architektur

Zuständigkeiten der Mitarbeiter der IT-Abteilung, beziehungsweise des Architekturmanagements umfassen Prozesse, Methoden, Werkzeuge, Verantwortlichkeiten und Standards zur Planung, Umsetzung, Kontrolle und Steuerung der Entwicklung der IT-Architektur (Niemann, 2005). IT-Architekten gestalten die komplette Systemlandschaft eines Unternehmens, was häufig zu einer Herausforderung werden kann, da viele große Unternehmen im Laufe der Zeit eine hohe Anzahl an IT-Systemen angehäuft haben, oft sogar im dreistelligen Bereich (Keller & Oelmeier, 2014, S. 60 ff.). Zu ihren Aufgaben gehören dabei auch das Design und die Implementierung der vielen einzelnen Anwendungen und Lösungen (Keller & Oelmeier, 2014, S. 60 ff.). Laut IEEE Standard 1471-2000 ist der IT-Architekt die Person, beziehungsweise das Team, das für die System-Architektur zuständig ist (Schütz, 2017, S. 27). In den letzten Jahrzehnten hat das Architekturmanagement allerdings einen Wandel durchlebt, da sie nicht mehr ausschließlich eine technische Perspektive einnehmen, sondern ihre Tätigkeiten auf die Geschäftsstrategie anpassen, womit zunehmend eine Managementperspektive eingenommen wird (Ahlemann et al., 2012). Zu den grundlegenden Herausforderungen des IT-Management gehören dabei insbesondere die strategische Planung der IT-Architekturen des Unternehmens, die Modernisierung der aktuell installierten IT-Systeme, die Migration der Daten in diese neuen Systeme und letztlich eben auch die Verwaltung der stetig komplexer werdenden IT-Infrastruktur (Tiemeyer, 2009, S. 74 ff.). Das Ziel dabei ist letztlich die Bereitstellung einer flexiblen und anpassungsfähigen IT-Infrastruktur, die langfristig einen zuverlässigen IT-Betrieb gewährleistet, da sich die Organisation stetig an ein verändertes Geschäftsumfeld anpassen müssen wird (Tiemeyer, 2009, S. 74 ff.; Schütz, 2017, S. 27). Im Wesentlichen werden also die Geschäftsziele durch die Bereitstellung und Aufrechterhaltung einer IT-Architektur unterstützt, die dabei möglichst kosteneffizient und flexibel ist (Ahlemann et al., 2012).

2.1.3 Klassische IT-Architekturmodelle

Bevor auf moderne Konzepte der IT-Architektur eingegangen wird, soll an dieser Stelle noch einmal in verkürzter Form ein Blick auf einige der bekanntesten klassischen IT-Architekturmodelle geworfen werden.

1. Framework for Information Systems Architecture von Zachman

Mit zunehmender Größe und Komplexität der Implementierungen von Informationssystemen ist es notwendig, ein logisches Konstrukt für die Definition und Kontrolle der Schnittstellen und der Integration aller Komponenten des Systems zu verwenden (Zachman, 1987, S. 276 ff.). Das *Framework for Information Systems Architecture* nach Zachman ist eines der bekanntesten Rahmenmodelle zur Gestaltung von IT-Architekturen und es hilft Unternehmen dabei als logisches Konstrukt ihre IT auszurichten auf Basis von erprobten Ergebnissen (Zachman, 1987, S. 276 ff.). Im Kern des Modells steht eine 6x6-Felder-Matrix als Rahmenmodell, welches den zuständigen IT-Architekten dabei unterstützt, Elemente des Unternehmens wie etwa Prozesse, Systeme oder Daten zu beschreiben (Zachman, 1987, S. 276 ff.).

6

2. Informationssystem-Architektur von Krcmar

Das Modell der ganzheitlichen Informationssystem-Architektur nach Krcmar zählt ebenfalls zu den bekanntesten Architekturmodellen (Krcmar, 1990, S. 395 ff.). Es umfasst dabei die Schichten der Prozess-, Anwendungs-, Daten-, Aufbauorganisations- und Kommunikationsarchitektur, wie auch der Infrastruktur, wobei sich die Strategie wie ein roter Faden durch alle Ebenen zieht (Krcmar, 1990, S. 395 ff.; vgl. Abbildung 2). Die Informationssystem-Architektur nach Krcmar dient damit unter anderem dazu, einen umfassenden Überblick über die Informationsverarbeitung im Unternehmen zu geben (Hildebrand, 1993, S. 74 ff.).

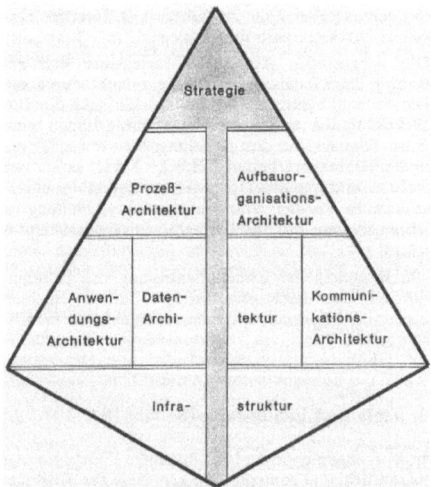

Abbildung 2: Informationssystem-Architektur nach Krcmar (1990, S. 395 ff.)

3. Architekturpyramide von Dern

Auch das Modell der Architekturpyramide nach Dern als drittes Beispiel klassischer IT-Architekturmodelle setzt sich zum Ziel die gesamte Unternehmensarchitektur mit den unterschiedlichen Teilarchitekturen zu beschreiben (Dern, 2006, S. 12 ff.). Auch hier steht an der Spitze die Strategie, während sich darunter die Geschäfts-, Informations-, IT-Dienste- und IT-Technologie-Architektur befindet (Dern, 2006, S. 12 ff.).

2.2 Moderne IT-Architektur-Konzepte

Nachdem nun ausführlich die Grundlagen der IT-Architekturen erläutert wurden, wird sich dieses Kapitel auf die Einflüsse der Digitalisierung fokussieren, die zu Veränderungen und neuen Konzepten der IT-Architektur führen.

2.2.1 Entwicklungsstufen der IT-Architektur

Neue Technologiefelder ermöglichen auch der Informationstechnik neue Anwendungsgebiete, was ebenso mit neuen Anforderungen einhergeht (Kaufmann & Servatius, 2020, S. 102). So lässt sich der Fortschritt einer jeden IT-Architektur, beziehungsweise der digitale Reifegrad, inmitten dieser technologischen Gesamtentwicklung anhand vier grob vereinfachter Stufen abbilden (Kaufmann & Servatius, 2020, S. 102; vgl. Abbildung 3).

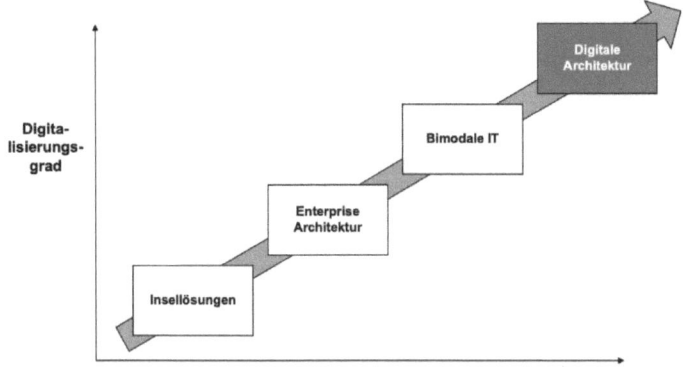

Abbildung 3: Entwicklungsstufen von IT-Architekturen nach Kaufmann & Servatius (2020, S. 102)

1. Architektur 1.0

Ursprünglich wurde in vielen Unternehmen die Corporate-IT von der Business-IT getrennt und somit unterschiedlich verwaltet, was auch heute noch teilweise der Fall ist (Kaufmann & Servatius, 2020, S. 102 ff.). Während die Corporate-IT für die klassischen betriebswirtschaftlichen Systeme wie etwa E-Mailing und Hardware zuständig ist, unterstützt die Business-IT die Business-Funktionen wie die Produktion, Lagerung, Verwaltung oder Logistik (Kaufmann & Servatius, 2020, S. 102 ff.). So werden mit der Zeit Datenbanken, Messstellen oder Testräume entwickelt, die unterschiedlichste Datenmodelle aufweisen und letztlich als Insellösungen von der Unternehmens-IT getrennt dastehen. Eine Verknüpfung der Corporate-IT mit der Business-IT wird somit erschwert, was die Aussagekraft der Daten zusätzlich erheblich einschränkt (Kaufmann & Servatius, 2020, S. 102 ff.). Die Architektur 1.0 weist also starke Defizite auf und findet in der Praxis dennoch klassischerweise häufig Anwendung.

8

2. Architektur 2.0

Als Antwort auf die Missstände in der Architektur 1.0 wurde 1999 die Enterprise-Architektur als eine unternehmensweite und umfassende Architekturlösung entwickelt (Kaufmann & Servatius, 2020, S. 102 ff.). Weg von den Insellösungen sollten IT-Systeme nun aus der Perspektive des gesamtwirtschaftlichen Kontextes des Unternehmens betrachtet werden, zu dessen Erreichung das Top-Management mit einbezogen werden sollte (Kaufmann & Servatius, 2020, S. 103 ff.). Es handelt sich also um eine Architekturlösung, die nicht einzelne Funktionen optimiert, sondern das Gesamtunternehmen in den Fokus stellt (Kaufmann & Servatius, 2020, S. 103 ff.). Unternehmensstruktur, Prozesse, IT-Systeme und die IT-Infrastruktur werden beispielsweise mit gemeinsamen Datenmodellen aufeinander abgestimmt und ermöglichen somit die Defizite der Architektur 1.0 auszugleichen (Kaufmann & Servatius, 2020, S. 103 ff.).

3. Architektur 3.0

Während die Enterprise-Architektur bereits den Ansatz stellt die Gesamtheit der Organisation abzubilden, geht die Architektur 3.0, auch als bimodale IT bezeichnet, noch einen Schritt darüber hinaus und integriert gar noch die Entwicklung von Innovationen innerhalb der IT-Architektur (Kaufmann & Servatius, 2020, S. 103 ff.). Unter anderem kann dabei die Integration eines „System of Innovation mit agilen, kurzen Innovationszyklen, für Applikationen und Systeme, die innovative Use Cases und Technologien abbilden" (Kaufmann & Servatius, 2020, S. 104), stattfinden. Hierunter fallen auch neue Technologien wie Big Data oder Blockchain, deren Nutzung zwar mit höherem Risiko verbunden ist, da sie noch nicht gänzlich ausgereift sind und Use Cases erst noch evaluiert werden müssen. Doch mit Hilfe von agilen Innovationszyklen, die diese IT-Architektur liefert, können schnell Prototypen und *Minimum Viable Products* erstellt werden, um sie an Anwendern zu verproben und Feedback direkt einzubauen. Die biomodale IT verbindet traditionelle und agile IT, womit sie somit die Anforderungen digitaler Geschäftsmodelle hinsichtlich ihrer Geschwindigkeit und Flexibilität im Blick auf Innovationen erfüllt (Kaufmann & Servatius, 2020, S. 104 ff.).

4. Architektur 4.0

In einer Architektur 4.0, die auch als digitale Architektur bezeichnet werden kann, werden Innovationen nicht nur begünstigt, sondern direkt mit in die Architektur eingebunden. „Diese Architektur unterstützt neben den klassischen betriebswirtschaftlichen und technischen Anwendungen Internet of Things und Künstliche Intelligenz mit ihren stetig steigenden Datenmengen" (Kaufmann & Servatius, 2020, S. 106 ff.). Die Architektur hilft nun den digitalen Wandel aktiv im Unternehmen zu gestalten und damit ein Fundament für flexibles Reagieren auf Wettbewerber und neue Technologien zu bieten. Der Fokus liegt nun nicht mehr nur auf dem eigenen Unternehmen und den Wertschöpfungsprozessen, sondern auch auf bestimmten Elementen des Geschäftsmodells und auf Innovationsökosystemen über die Firmengrenzen hinaus (Kaufmann & Servatius, 2020, S. 106 ff.). Die Architektur besteht dabei aus einer zentralen IoT- und KI-Architektur. Entwickelt beispielsweise ein Maschinenbauer Produktionsmaschinen, für die er einen Remote-Service anbietet, so kann die IoT- und KI-Architektur dabei unterstützen, für die Maschinen beim Kunden Vorhersagen zu möglichen Wartungen zu treffen (Kaufmann & Servatius, 2020, S. 106 ff.).

In Zeiten der Digitalisierung gilt es für Unternehmen, die den Anspruch hegen, die Integration von modernen Technologien in die Unternehmensprozesse zu ermöglichen, die vorhandenen Architekturansätze zu überprüfen und aus den vorgestellten Ansätzen die benötigten Elemente herauszusuchen (Kaufmann & Servatius, 2020, S. 106 ff.). So kann letztlich eine situativ geeignete Architektur aufgebaut werden, die zum spezifisch vorliegenden Fall passt.

2.2.2 Die serviceorientierte Architektur (SOA)

Klassische IT-Konzepte erweisen sich in der Praxis häufig als unüberschaubar und fungieren so als Innovationshemmer (Klage, 2010, S. 2). Wie bereits angeführt, gehören jedoch zu den Aufgaben der IT-Architekten die IT-Infrastruktur so aufzubauen, dass sie flexibel und anpassungsfähig ist, um auf veränderte Bedingungen schnell reagieren und beispielsweise neue Anwendungen kosteneffizient integrieren zu können (Ahlemann, 2012; Ross et al., 2006). Moderne Architekturkonzepte wie etwa die serviceorientierte Architektur (SOA), bieten ein erhebliches Maß mehr an Flexibilität und schaffen somit Raum für Innovationen (Klage, 2010, S. 2). Die SOA ist somit nichts anderes als ein bestimmter Stil die IT-Infrastruktur architektonisch aufzubauen, wobei durch zentral bereitgestellte Dienste, die je nach Bedarf bereitgestellt werden, besondere Flexibilität entsteht (Pulparambil, Baghadid, Al-Hamdani & Al-Badawi, 2017, S. 217; IBM Cloud Education, 2021). SOA ist somit im Digitalisierungsgrad meist als Architektur 3.0 oder gar 4.0 einzuordnen, beschreibt dort aber wie genannt lediglich einen bestimmten Stil des Aufbaus (Kaufmann & Servatius, 2020, S. 104).

„Eine service-orientierte Architektur (SOA) ist ein Konzept, welches das Geschäft und die IT eines Unternehmens nach Diensten strukturiert, die modular aufgebaut sind und flexibel zur Umsetzung von Geschäftsprozessen kombiniert werden können" (Ziegler & Müller, 2009, S. 7). Die IT-spezifischen Bestandteile werden dabei durch IT-Architektur umgesetzt, die auf lose gekoppelten Services beruht, die zudem technisch voneinander unabhängig sind und deren Interoperabilität auf offenen Standards basiert (Ziegler & Müller, 2009, S. 7; IBM Cloud Education, 2021). Letztlich zeichnet sich eine SOA dadurch aus, dass einfach integrierbare Dienste die Basis stellen, Services auf Standards basieren, die SOA auf diversen Plattformen verfügbar ist, sowie Services einen formalen Vertrag teilen, lose gekoppelt sind, wiederverwendbar, autonom wie auch erkennbar sind (Ziegler & Müller, 2009, S. 7).

Dieser Wandel der IT zum internen Dienstleister, der durch eine serviceorientierte Architektur geschaffen wird, ist gerade deshalb entscheidend, da die IT heute nicht mehr einfach nur Hardware oder Softwareanwendungen bereitstellt, sondern vor individuellen Anforderungen aus sämtlichen Abteilungen und Bereichen der Organisation steht (Ziegler & Müller, 2009, S. 7 ff.). Geschäftsprozesse jeglicher Art werden stetig komplexer und spezifischer, von administrativen Tätigkeiten, Forschung und Entwicklung, logistischen Herausforderungen bis hin zu Unternehmens- und Kundenkommunikation, Mitarbeiterführung oder Produktentwicklung. Da bedarf es in der Regel nicht mehr der Bereitstellung einfacher Standardsoftware, sondern eine IT, die mit entsprechender Serviceorientierung all diese Geschäftsfelder passgenau unterstützt (IBM Cloud Education, 2021).

Zusammengefasst schafft eine service-orientierte Architektur als Beispiel einer modernen IT-Architektur zum einen ein hohes Maß an Agilität und Flexibilität durch agile Ansätze und iterative Prozesse, was ebenso die Innovationsfähigkeit des gesamten Unternehmens fördert (Kaufmann & Servatius, 2020, S. 102). Ebenso werden konsequent die Anwender und deren Feedback in den Fokus gerückt, indem die IT service- und kundenorientiert arbeitet, hohen Wert auf die Customer Experience legt und gleichzeitig als Vordenker für innovatives Arbeiten fungiert (Pulparambil, Baghadid, Al-Hamdani & Al-Badawi, 2017, S. 217 ff.). Die integrierte Anayltics-Infrastruktur und die Expertise für Datenanalyse schaffen zudem die Möglichkeit Geschäftsstrategien datenbasiert aufzubauen und so große, bereits vorliegende Datenmengen besser zu nutzen (Kaufmann & Servatius, 2020, S. 102). All diese Punkte zusammengenommen geben der IT-Architektur eine hohe digitale Reife, die viele Probleme der klassischen IT-Architektur lösen kann (Pulparambil et al., 2017, S. 217 ff.).

11

2.3 Innovative Technologiefelder

Nachdem die IT-Architektur bereits aus unterschiedlichen Perspektiven betrachtet wurde, soll nun noch einmal das heutige Umfeld von Organisationen und ihrer IT betrachtet werden. Die bereits genannte vierte industrielle Revolution, in der sich die ökonomische Wirtschaft derzeit befindet, wird auch als die Industrie 4.0 bezeichnet (Hellinger et al., 2013, S. 5). Erst die Entwicklung cyber-physischer Systeme ermöglichte diese neue Epoche überhaupt, da sie dazu beitragen, dass sich Maschinen, Anlagen, Systeme und Betriebe weltweit stetig stärker vernetzen (Maschler, White & Weyrich, 2020, S. 2). Dabei ist mit dem Begriff der Industrie 4.0 die „intelligente Vernetzung von Maschinen und Abläufen in der Industrie mit Hilfe von Informations- und Kommunikationstechnologie" (Bundesministerium für Wirtschaft und Energie, 2019) gemeint, was die Grundlage für neue Wertschöpfungsformen und innovative Geschäftsmodelle bedeutet (Hellinger et. al, 2013, S. 5). Moderne Technologien wie *Machine Learning*, *Cloud Computing*, *Blockchain*, *Additive Manufacturing* oder *Augmented Reality* lassen sich der Industrie 4.0 ebenso zuordnen wie die enormen Datenmengen (*Big Data*), die durch *Data Mining* und *Business Intelligence* ausgewertet werden (Maschler et al., 2020, S. 5; Bundesministerium für Wirtschaft und Energie, 2019; Meinhardt & Popp, 2018, S. 229; Vgl. Abbildung 4). Die Industrie 4.0 ist somit eine Revolution der Geschäftsprozesse und -modelle und verändert dabei die Zusammenarbeit von Menschen und Technik grundlegend (Ematinger, 2018, S. 9).

Abbildung 4: Teilaspekte der Industrie 4.0 (Godina, Ribeiro, Matos, Ferreira, Carvalho & Pecasl, 2020, S. 3)

12

Die Digitalisierung legt dabei den Grundstein für eine lange Liste an unterschiedlichsten Technologiefeldern, die allesamt Einfluss auf jegliche Unternehmen, sowie deren Unternehmensarchitektur und spezieller auf die IT-Architektur haben. Besonders im Fokus stehen dabei die Informationstechnik- und Kommunikationstechnologien oder auch IuK-Technologien (Kaufmann & Servatius, 2020, S. 102 ff.). Die im Folgenden angeführten Punkte geben einen Überblick über die Bandbreite der Entwicklungen, die der Industrie 4.0 zuzuordnen sind (Bauer, Schlund, Marrenbach & Ganschar, 2014, S. 19):

- Sensoren zur Erfassung und Übertragung von Informationen und Daten
- Technologien der Internet der Dinge (IoT-Technologien)
- Informationsspeicherung über Cloud-Technologien
- Mobile Technologien
- Muster- und Zusammenhangserkennung mit Algorithmen in der Datenanalyse, Big Data Auswertung, Machine Learning oder künstliche Intelligenz
- Regelsysteme zur automatisierten Entscheidungsfindung
- Automatisierte Kommunikationstechnologien wie Chatbots
- Blockchain-Technologien
- Additive Manufacturing
- Augmented und Virtual Reality
- Automatisierung von Abläufen (z.B. Robotic Process Automation)
- Vernetzung analoger und digitaler Ebenen (z.B. Social Media oder Virtual Reality)

Da diese Technologien häufig Schnittstellen zueinander aufweisen sind der Vielfalt der rekombinatorischen Innovationen hier keine Grenzen gesetzt.

2.4 Zusammenfassung

Die IT-Architektur bildet einen Teil der Unternehmensarchitektur ab, welcher vor allem die technischen Aspekte, wie IT-Infrastruktur, Software, Anwendungen und Datenstruktur umfasst. Klassische IT-Architekturmodelle wie beispielsweise das Framework for Information Systems Architecture nach Zachman reichen heute nur noch bedingt aus, um die immer komplexeren Strukturen und Systeme zu beschreiben. Das Aufgabenfeld der IT-Architekten ist dabei dementsprechend umfangreich, grundsätzlich gestalten sie die komplette Systemlandschaft des Unternehmens. Hin zu digitalen Architekturen, auch also Architektur 4.0 bezeichnet, müssen IT-Architekten dabei moderne Konzepte wie beispielsweise die serviceorientierte Architektur (SOA) berücksichtigen, um den Anforderungen der Industrie 4.0 mit zahlreichen neuen Technologien gerecht werden zu können. Kapitel 3 soll hier anknüpfen und aufzeigen, welche konkreten Herausforderungen auf eine Organisation und ihre IT-Architektur zukommen kann.

3 Exemplarischer Anwendungsfall

Um die dargelegten Grundlagen nun in einen konkreten Anwendungsfall zu transferieren, soll zunächst ein konkretes Unternehmen und der mögliche Aufbau seiner IT-Architektur beschrieben werden, ehe fünf Thesen zu möglichen Auswirkungen der Industrie 4.0 auf die IT-Architektur aufgestellt werden.

3.1 Unternehmensvorstellung

Das reale Unternehmen Krones AG soll im Fokus dieses Anwendungsfalls stehen und durch eine kurze Beschreibung sowie einer Erläuterung der möglichen IT-Architektur vorgestellt werden.

3.1.1 Die Krones AG

Zu der Krones AG zählen mehr als 20 Unternehmen, die verteilt über 100 Standorte weltweit etwa 16.500 Mitarbeiter beschäftigen (Krones AG, 2021 a). Die Krones AG ist dabei eine Management-Holding, zu der diverse kleine und mittlere Unternehmen gehören, um nah am Markt- und Kundengeschehen flexibel agieren zu können (Krones AG, 2021 a; Ihlau & Duscha, 2019, S. 3). Ein einheitliches IT-System soll diese vielen Unternehmen dazu behelfen, in ihren Geschäftsfeldern Digitalisierung, Prozesstechnik, Abfüll- und Verpackungstechnik, Intralogistik und Lifecycle Service mit dem Anspruch eines Technologieführers aufzutreten zu können (Krones AG, 2021 b, S. 17 ff.). Die Unternehmen der Krones AG statten ihre Kunden dabei mit Anlagen für die Getränke- und Nahrungsbranche aus, von Brauereien über Getränkeabfüller bis hin zu Lebensmittelproduzenten (Krones AG, 2021 a). Die Umsätze der Krones AG steigerten sich in den letzten Jahren konstant und lagen 2019 gar bei 3,96 Milliarden Euro (Krones AG, 2021 b, S. 1 ff.). Aufgrund der Covid-19-Pandemie musste zwar ein Einbruch von 16,1 Prozent auf 3,32 Milliarden Euro Umsatz hingenommen werden, Prognosen zeigen jedoch, dass in den kommenden Jahren erneut mit steigenden Zahlen zu rechnen ist (Krones AG, 2021 b, S. 7).

3.1.2 IT-Architektur der Krones AG

Hinter Darstellungen der Anwendungslandschaft der IT-Systeme stehen oftmals die schlecht dokumentierten IT-Landschaften, die das Kerngeschäft aufgrund der hohen

Abhängigkeit von einer funktionierenden IT-Landschaft gefährden (Matthes & Wittenburg, 2004, S. 10 ff.). Zusätzlich steigt die Zahl der Informationssysteme stetig und unterschiedlichste Technologien werden miteinander vernetzt, was eine unübersichtliche und komplexe IT-Landschaft ergibt, die es anschaulich darzustellen gilt (Matthes & Wittenburg, 2004, S. 10 ff.). Die Anwendungslandschaft, also die Gesamtheit der IT-Systeme im Unternehmen, in einer Softwarekarte darzustellen, birgt das Ziel, die hohe Komplexität vereinfacht darzustellen, um eine bessere Planung zu ermöglichen und Verbesserungsmöglichkeiten zu erkennen (Matthes & Wittenburg, 2004, S. 10 ff.). Als Softwarekarte zum Beschreiben der IT-Systeme der Krones AG soll in diesem Beispiel eine Clusterkarte genutzt werden, die zunächst alle Systeme des Unternehmens visualisiert und dabei eine Zuordnung der Systeme zu den Funktionen darstellt (Matthes & Wittenburg, 2004, S. 10 ff.; Lauschke, 2005, S. 5 ff.). Da die Krones AG ein bereits sehr lang existierendes Unternehmen ist, das über die Zeit gewachsen ist und mit einigen wenigen Unternehmen begann, ist davon auszugehen, dass diese vielen Unternehmen, die der Krones AG angehören selbst auch weitere eigene IT-Systeme aufweisen. Die folgende Beschreibung der IT-Landschaft der Krones AG hat dabei keinen Anspruch auf Korrektheit oder Vollständigkeit und stellt lediglich eine Möglichkeit dar, wie der tatsächliche Aufbau grob aussehen könnte. Auf der Basis der Architektur werden dann in Kapitel 3.2 einige Hypothesen aufgestellt, die auf die Krones AG zukommen könnten.

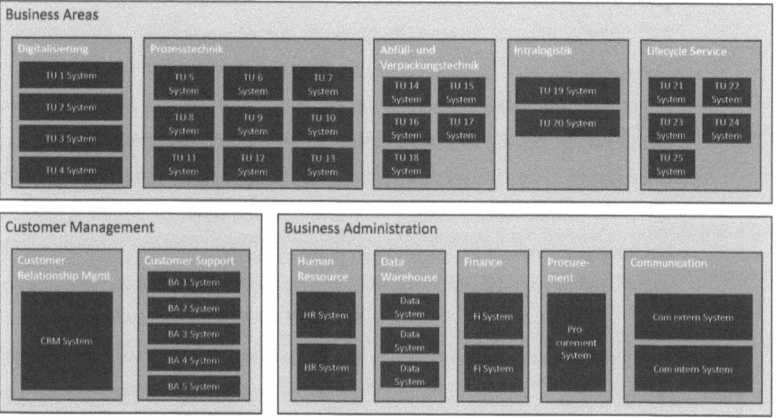

Abbildung 5: Eigens erstellte Darstellung des möglichen Aufbaus der IT-Architektur der Krones AG.

Die Clusterkarte zeigt zunächst eine Aufteilung in die drei übergeordneten Bereiche der Business Areas, Customer Management und Business Administration (vgl. Abbildung

5). Der Bereich Business Areas ist weiter unterteilt in die fünf Kerngeschäftsfelder der Krones AG, welche aus Digitalisierung, Prozesstechnik, Abfüll- und Verpackungstechnik, Intralogistik, sowie Lifecycle Service bestehen. Innerhalb der einzelnen Geschäftsfelder sind die genutzten IT-Systeme zu finden. Die Abkürzung TU soll dabei für Tochterunternehmen stehen. Die Anzahl der Tochterunternehmen im jeweiligen Geschäftsbereich, aufgezeigt in der Clusterkarte, ist dabei die tatsächlich existierende, lediglich die Namen der Tochterunternehmen sind nicht eingetragen, um somit etwas Komplexität zu reduzieren. Jedes Tochterunternehmen benötigt dabei ein eigenes System, da sich die Unternehmen hinsichtlich ihrer Tätigkeit klar unterscheiden. Wohlmöglich besitzen die einzelnen Unternehmen noch weitaus mehr Systeme, doch würde die Darstellung den Umfang dieser Ausarbeitung übersteigen.

Neben den Business Areas als Basis ist auch das Customer Management aufzufinden (vgl. Abbildung 5). Hier wird unterschieden nach Customer Relationship Management, welches in dieser Darstellung lediglich ein übergeordnetes IT-System für alle Geschäftsbereiche nutzt und dem Customer Support, für das je Geschäftsbereich ein eigenes spezielles Systeme genutzt wird, da sich die Art des Supports hier je nach Geschäftsbereich stark unterscheidet. So wird mit Hilfe dieser Systeme beispielsweise die Wartung der Maschinen bei den Kunden überwacht. Als drittes Cluster ist schließlich die Business Administration zu finden, die sämtliche Geschäftsbereiche mit den Funktionen Human Ressource, Data Warehouse, Finance, Procurement und Communication unterstützt (vgl. Abbildung 5). Die Funktionen weisen dabei unterschiedlich viele IT-Systeme auf. So nutzt die HR beispielsweise ein System für Abrechnungen und Urlaubseintragungen und ein weiteres System für Schulungen und Trainings, während Communications je ein System für die interne und externe Kommunikation nutzt (vgl. Abbildung 5). Sämtliche Systeme, die in der Clusterkarte aufgezeigt sind, weisen selbstverständlich auch Schnittstellen zueinander auf, die von den IT-Architekten identifiziert und optimiert werden müssen. Die Darstellung dieser Clusterkarte dient dabei lediglich der groben Orientierung, während die tatsächliche IT-Landschaft der Krones AG vermutlich deutlich komplexer ist, da es viele Tochterunternehmen mit unterschiedlichen Standorten gibt, die allesamt zu unterschiedlichen Zeiten gegründet wurden und somit vermutlich selbst Alt-Systeme aufweisen. Um jedoch im folgenden Kapitel Hypothesen zu Auswirkungen durch technologische Veränderungen aufzählen zu können, ist diese grobe Darstellung ausreichend.

3.2 Fünf Hypothesen zu den Auswirkungen moderner Technologien auf IT-Architekturen

Die im Folgenden dargestellten Thesen beziehen sich auf das soeben vorgestellte Unternehmen der Krones AG und ihre IT-Architektur.

Hypothese 1: Die Zunahme an mobilen Endgeräten und Kanälen bedingt den Nutzerwunsch nach einer problemlosen Verknüpfung und moderner Ausgestaltung für eine einwandfreie Nutzererfahrung.

Im Zuge der Digitalisierung und der damit verbundenen stärker werdenden Globalisierung steigt auch die Zahl der genutzten Endgeräte mit rasanter Geschwindigkeit an, ganz gleich ob im privaten oder beruflichen Kontext (Gartner Inc., 2021 a). Der Nutzer erlebt demnach den digitalen Wandel primär über seine Endgeräte, über die sämtliche Interaktion stattfindet. Laut Gartner Inc. wird die Anzahl der weltweit genutzten Geräte (Laptops, Desktop-PCs, Tablets und Mobiltelefone) im Jahr 2021 insgesamt 6,2 Milliarden Einheiten betragen (Gartner Inc., 2021 a). Die COVID-19-Pandemie hat dabei das Nutzungsverhalten von Mitarbeitern und Verbrauchern noch einmal zusätzlich nachhaltig verändert, da zunehmend remote und hybrid gearbeitet wird, was die Anzahl an genutzten Geräten tendenziell verstärkt hat (Gartner Inc., 2021 a).

Eine moderne IT-Architektur steht daher in der Pflicht diese zahlreichen Endgeräte, von Handys über Laptops bis hin zu Tablets über alle Kanäle hinweg problemlos miteinander zu verbinden und gleichermaßen zu unterstützen (Zies & Schmid, 2016, S. 2 ff.). Anwender, die in diesem Falle die Belegschaft des Unternehmens darstellen, erwarten eine nahtlose Integration aller genutzten Endgeräte wie auch Kanäle und das ortsunabhängig, da auch die Remote Arbeit getreu dem Motto *Mobile First* gesichert sein muss (Zies & Schmid, 2016, S. 2 ff.). Programme, Applikationen oder Systeme, die bis dato ausschließlich vom Computer im Büro erreicht werden mussten, sollen nun von überall abrufbar sein und das bei unveränderter Nutzerfreundlichkeit, wie auch Nutzersicherheit (Visintin, 2014, S. 48). Für die IT der Krones AG bedeutet dies, dass Business-Regeln auf einem zentralen Server ausgeführt werden müssen, während die Benutzeroberfläche und Interaktion mit dem User über einen Client abläuft (Visintin, 2014, S. 49). Eine flexible IT-Architektur ist somit unabdingbar, um nicht stetig bei Hinzunahme neuer Geräte neue Kodierungen der Programme vornehmen zu müssen (Visintin, 2014, S. 48). Mit der stetig stärkeren Fokussierung der mobilen Kanäle und Endgeräte rückt somit offenkundig auch deren Design, wie auch die Ausgestaltung der

Nutzererfahrung, beziehungsweise der Umstieg auf eine angemessene Benutzeroberfläche in den Fokus (Zies & Schmid, 2016, S. 2 ff.). Als Kundenschnittstelle ist dies bereits ein gängiges Element, das über die detaillierte Ausgestaltung der Customer Journey stark in den Handlungsbereich vieler Unternehmen rückt (Keller, 2019, S. 37). So ist eine Omnichannel-Nutzung in der Kommunikation, moderne Designelemente wie responsive Design oder der Einsatz smarter Technologien wie 360-Grad-Animationen oder Chatbots in Kundenschnittstellen keine Neuheit mehr (Keller, 2019, S. 37). Im internen Unternehmensgebrauch herrscht hier jedoch sehr oft noch starker Nachholbedarf, wenn es um die Gestaltung der Nutzererfahrung der eigenen Mitarbeiter geht (Zies & Schmid, 2016, S. 2 ff.). Dies bildet somit ein Tätigkeitsfeld, dass die IT der Krones AG mit einer entsprechenden Strategie zur Gestaltung der IT-Architektur angehen und berücksichtigen muss, um effizientes Arbeiten auch insbesondere in Zeiten von verstärkter Home-Office und Remote Arbeit gewährleisten zu können. Im Fokus stehen zum einen der reibungslose Wechsel zwischen Kanälen und Endgeräten, während ebenso die Priorisierung von mobilen Endgeräten bedacht werden muss.

Auch kann die Nutzererfahrung für die Mitarbeiter mittels Einsatz von KI unterstützt werden. Im ungewohnten Home Office besteht die verstärkte Anspruchshaltung, dass die Technik reibungslos funktionieren soll, was entsprechend mehr Anfragen an den IT Service Desk bedeutet (USU Software AG, 2020, S. 1 ff.). Um nicht in der Fülle an Anfragen unterzugehen, muss dieser möglichst schnell unterscheiden können, ob es sich um eine Routineanfrage handelt, beispielsweise zur VPN-Verbindung, oder um eine komplexere Anfrage. An dieser Stelle kommt das Predictive Routing ins Spiel, mit dessen Hilfe Routineanfragen mittels KI einfach mit Videos, Tutorials oder Checklisten behandelt werden können (USU Software AG, 2020, S. 1 ff.). Die komplexeren Anfragen hingegen können der Dringlichkeit angeordnete werden, indem die Anfragen priorisiert werden, je nachdem wie projektkritisch sie sind oder an welcher Position im Unternehmen der Anfragensteller steht (USU Software AG, 2020, S. 1 ff.).

Hypothese 2: Wegen steigender Cyber-Kriminalität müssen IT-Architekten die Cybersecurity der Organisation stetig prüfen und aufrüsten.

Viele für die Informationstechnik zuständige CIOs zählen Cybersecurity zu den wichtigsten Themen, welche die IT-Architektur und deren Modellierung betrifft und das nicht zuletzt, weil die Zahl der Cyberangriffe auf wirtschaftlich agierende Unternehmen seit 2009 jährlich um knapp zwei Drittel gestiegen ist (Keller & Oelmeier, 2014, S. 60 ff.). So erfasste die Polizei im Jahr 2020 rund 108.000 Fälle von Cyberkriminalität in

Deutschland, wobei Schätzungen zu Folge gar 18 Millionen Bürger alleine in Deutschland Opfer von Cyberkriminalität wurden (Bolkart, 2021, S. 5). Unter den Opfern sind dabei zu unvorsichtig handelnde Zivilisten, öffentliche Verwaltungen und vor allem wirtschaftlich agierende Unternehmen, deren bisher unentdeckten Schwachstellen in IT-Systemen ausgenutzt werden (Bolkart, 2021, S. 5). Bekannte Fälle von Cyberkriminalität aus der jüngeren Vergangenheit sind beispielsweise der Datenklau bei Facebook im April 2021, bei dem über 500 Millionen Nutzer betroffen waren oder auch der SolarWinds-Hack, bei dem Daten von mehr als 250 amerikanischen Behörden, Ministerien und prominenten Unternehmen betroffen waren (Bolkart, 2021, S. 5). In Deutschland haben gar 46 Prozent aller Unternehmen in den letzten 12 Monaten Cyber-Attacken erlebt (Bolkart, 2021, S. 13).

Gefahren, mit denen die IT rechnen muss, sind dabei unter anderem Angriffe durch Geheimdienste, professionell agierende kriminelle Organisationen oder Cyber-Warfare, was zu einer unabdingbaren Aufrüstung der IT-Sicherheit führen muss (Keller & Oelmeier, 2014, S. 60 ff.; Zies & Schmid, 2016, S. 2 ff.). Datenbetrug im Internet, Computerviren und Schadsoftware, wie auch Fake News werden dabei als größte Cyber-Risiken erachtet (Bocksch, 2021). Sofern sie es noch nicht ist, muss die Cybersecurity der Krones AG zwingend zu einem integralen Bestandteil der IT-Architektur werden, wobei es nicht um den spezifischen Schutz einzelner Anwendungen geht, sondern um ein ganzheitliches Konzept (Zies & Schmid, 2016, S. 2 ff.). Es ist entscheidend, dass sich das Unternehmen nicht ausschließlich auf einzelne Anwendungen oder Applikationen stützt, sondern auf ein breites, ganzheitliches Konzept setzt, bei dem Datenlieferanten, sowie -empfänger einbezogen werden (Keller & Oelmeier, 2014, S. 60 ff.). Innerhalb einer ohnehin service-orientierten IT-Architektur wird auch hier der Trend wohlmöglich zu Security-as-a-Service gehen (Zies & Schmid, 2016, S. 2 ff.). Diese bietet den Vorteil, dass umfangreiche Security-Checks durchgeführt werden können, ehe gefährliche, beziehungsweise potenziell infizierte Daten das Netzwerk des Unternehmens erreichen, was insbesondere bei der Menge an täglichem Datenverkehr ein großer Vorteil ist (Zies & Schmid, 2016, S. 2 ff.).

Auf die zuständigen IT-Architekten kommen somit Investitionen, beziehungsweise eine verschärfte Fokussierung von Maßnahmen zu, die zur Stärkung der IT-Security und somit zur Sicherheit der Mitarbeiter und des Unternehmens beitragen. Im Bereich der Cybersicherheit werden für das Jahr 2021 neue Rekordausgaben erwartet, welche weltweit auf über 60 Milliarden US-Dollar ansteigen könnten (Bolkart, 2021, S. 29). In Deutschland werden es voraussichtlich 5,7 Milliarden Euro sein, was etwa ein Fünftel der generellen IT-Ausgaben deutscher Unternehmen darstellt (Bolkart, 2021, S. 29 ff.). Konkrete Maßnahmen auf die sich die Krones AG einstellen sollte, umfassen dabei unter anderem die Absicherung von Home-Office und Remote Work durch das Einrichten von VPN-Verbindung, Netzwerksicherheit, Sicherheit durch Verschlüsselung von Datenträgern, Backups und Recovery, sicheres Cloud Computing, Schulungen und Security Awareness Trainings, sowie die 2-Faktor-Authentifizierung, wie auch viele weitere relevante Maßnahmen (Bolkart, 2021, S. 29).

Hypothese 3: In Zeiten der Industrie 4.0 muss die IT-Architektur darauf ausgerichtet sein, Innovationen zu begünstigen und zu fördern, damit das Unternehmen wettbewerbsfähig bleiben kann.

Hohe Innovationsdynamik, rekombinatorische Innovationen und die vielfältigen Möglichkeiten moderner Technologiefelder führen zu stetigen Produktneuheiten und zu hoher Individualisierung von Produkten und Dienstleistungen (Weinreich, 2016, S. 89 ff.). Die niedrigen Markteintrittsbarrieren und der globale Wettbewerb fördern das rasante Aufkommen neuer Geschäftsmodelle am Markt, was durch die Digitalisierung zusätzlich beschleunigt wird (Weinreich, 2016, S. 43). Unternehmen und Innovationen können so einfach wie nie gegründet und an den Markt gebracht werden. „In kaum einer Branche ist die Dynamik der Entwicklung so hoch, die Halbwertzeit von Technologien so kurz wie in der IT" (Klage, 2010, S. 65). Das Angebot ist so groß wie nie zuvor, der Wettbewerb nimmt stetig zu und Flexibilität, wie auch Schnelligkeit und das Reagieren auf Marktveränderungen wird zu einer essentiellen Kompetenz (Weinreich, 2016, S. 43). An dieser Stelle kommt die IT-Architektur ins Spiel, die service-orientiert gestaltet sein sollte, um dem Unternehmen zu ermöglichen, offen, flexibel und effizient auf den Markt reagieren zu können (Klage, 2010, S. 65 ff.). Nur so lassen sich innovative Produkte und Dienstleistungen, wie auch neue Technologien leichter integrieren und letztlich auf ihre Praxistauglichkeit prüfen, was den entscheidenden Marktvorteil liefern kann (Klage, 2010, S. 65 ff.).

Einer Studie der Unternehmensberatung McKinsey zufolge können IT-Architekten eine entscheidende Rolle für das Innovationsmanagement und die digitale Transformation von Unternehmen einnehmen (Bossert & Laartz, 2016). Die Abteilung für Unternehmensarchitektur, welche auch die IT-Architektur beinhaltet, kann dabei eine zentrale Rolle bei der Reduzierung der mit der digitalen Transformation verbundenen Komplexität spielen. Sie beaufsichtigen in der Regel die gesamte Systemarchitektur, einschließlich der Geschäftsprozesse und der IT-Infrastruktur, hilft bei der Festlegung von Regeln und Prozessen für die Technologienutzung und kann der Geschäftsführung dabei, die Geschäfts- und IT-Architekturen ihrer Unternehmen neu zu gestalten (Bossert & Laartz, 2016). Weitere folgende Aufgabenfelder können dabei auf die IT-Architekten zukommen:

- Flexible und wandlungsfähige Lösungen müssen vorausschauend entworfen werden.

- Ein Maß an Kontrolle sollte eingedämmt werden, um mehr Raum für Exploration und Bereitschaft zum Risiko zu schaffen, damit eine Innovationskultur und schnelle Innovationen ermöglicht werden.

- Die IT-Architekten sollten an strategischen Entscheidungen teilhaben, um die langfristige Positionierung des Unternehmens besser einschätzen zu können

- Die IT-Architekten sollten im Bilde sein über die technologischen Aktivitäten von relevanten Stakeholdern, wie Kunden, Lieferanten, Partnern oder Wettbewerben, um Trends frühzeitig aufnehmen zu können. Trendradare wie der Hype Cycle von Gartner können dabei unterstützen, die optimale Phase der Implementierung abzupassen (Gartner Inc., 2021 b).

- Die IT-Architektur sollte agil nach den Prinzipien des Agilen Manifests arbeiten, um die erkannten Trends und Chancen auch mit hoher Geschwindigkeit implementieren zu können (Beck, Beedle, Bennekum, Cockburn, Cunningham, Fowler et al., 2001).

- Nach der Analyse spezieller Technologien hinsichtlich ihrer Relevanz und Brauchbarkeit sollte die zuständige IT Kosten-Nutzen-Prüfungen durchführen, um die Realisierbarkeit abschätzen zu können.

- Ist ein regelmäßig zu überarbeitendes Portfolio an relevanten Trends und Technologien aufgestellt, welches mit den strategischen Zielen des Unternehmen abgestimmt ist, empfiehlt es sich, dieses in einer Roadmap ansprechend zu visualisieren. Dies erleichtert im Zuge der Implementierung die Kommunikation hinsichtlich der Pläne und des Ausblickes.

Hypothese 4: Enorme Datenmengen erfordern in unterschiedlichen Geschäftsbereichen effiziente und zielgerichtete Auswertungen, die durch eine IT-Architektur ermöglicht werden müssen.

Zukunftsforscher John Naisbitt beschrieb bereits im Jahr 1986 passend die Lage rund um die exorbitant anwachsenden Datenmengen: „We are drowning in information, but starving for knowledge" (Naisbitt, 1986). Er erfasste damit die heutige Kernproblematik, der sich zahlreiche Unternehmen in Zeiten der Digitalisierung stellen müssen. Kaum enden wollende Datenmengen, die auch als Big Data bezeichnet werden, stehen den

Unternehmen über jegliche Thematiken und Stakeholder zur Verfügung und sollen zielgerichtet und effizient ausgewertet werden (Gölzer, 2016, S. 8 ff.). Das Volumen der generierten Daten steigt dabei weltweit um jährlich etwa ein Drittel und umfasst Prognosen zufolge im Jahr 2025 gar 175 Zettabyte, was einer Datenmenge entspricht, mit der sich etwa 33 Millionen menschliche Gehirne füllen ließen (Statista Digital Economy Compass 2019, 2019; Frawley, Piatetsky-Shapiro & Matheus, 1991, S. 10 ff.). An Daten und Informationen zu gelangen, ist für die Krones AG wahrscheinlich kein Problem, doch stellt die zielgerichtete Auswertung der relevanten Daten eine Herausforderung dar, die mit entsprechender IT-Architektur angegangen werden muss (Zies & Schmid, 2016, S. 2 ff.). Die IT ist dabei zunächst damit konfrontiert, diese immer größer werdenden Daten zu speichern und zu lagern, was einen erheblichen Kostenfaktor darstellt (Zies & Schmid, 2016, S. 2 ff.). Hinzukommt, dass viele der Daten unstrukturierter Natur sind, wie etwa Daten aus Social Media Auftritten, dessen Auswertung weiterführende Technologien und Architekturen wie zum Beispiel *Data Lakes* braucht, die sowohl strukturierte als auch unstrukturierte Daten aufnehmen können (Zies & Schmid, 2016, S. 2 ff.). Leistungsstarke In-Memory-Datenbanken, wie etwa SAP Hana sind in der Lage strukturierte wie auch komplexere Daten in Echtzeit zu analysieren, um so datengestützt Entscheidungen und Aktionen in Echtzeit zu beschleunigen (SAP, 2022). SAP Hana als Beispieltechnologie kann dabei unterstützen, die IT-Landschaft der Krones AG zu vereinfachen, Datenverwaltung zu skalieren und Anwendungen und Analysen intelligent zu erweitern (SAP, 2022).

Weiterer Einsatz von Business Intelligence (nachfolgend BI) kann der IT als Hilfestellung dienen, um die erhaltenen Daten zu sichten und so effizientere Arbeit zu gewährleisten (Baars & Kemper, 2021, S. 1 ff.). BI umfasst dabei Datenanalysen auf Unternehmensebene, die Bereiche für betriebliche Verbesserungen aufzeigen. Daten können visuell dargestellt werden und lassen Muster erkennen, was strategische Geschäftsentscheidungen zur Optimierung erleichtern (Baars & Kemper, 2021, S. 1 ff.). Daten der IT werden demnach nach Optimierungspotenzialen untersucht, indem beispielsweise Anwendungen, zu denen sich die Anfragen häufen, überprüft werden (USU Software AG, 2020, S. 1 ff.). Die zur Unterstützung eingesetzte BI erkennt Muster in Vorfällen, Anfragen oder Beschwerden, kann so Ursachen erkenntlich machen und gar Lösungen standardisiert anbieten (USU Software AG, 2020, S. 1 ff.). Der Nutzen der BI besteht dabei darin, die Daten in nützliche Informationen umzuwandeln, damit unternehmensintern datengestützt strategische wie auch operative Entscheidungen getroffen werden können, womit beispielsweise innerhalb der IT Kosteneinsparungen erzielt oder die Mitarbeiter als Anwender besser bedient werden können (Baars & Kemper, 2021, S. 1 ff.). Letztendlich sind die großen Datenmengen und dementsprechend auch die Datenhaltung und das Datenmanagement die Basis für den Einsatz von BI, ebenso wie eine umfassende Dateninfrastruktur (Kaufmann & Servatius, 2020, S. 106). Es gilt dabei, die BI in die IT-Architektur zu integrieren, um schließlich aus den Daten und Algorithmen Empfehlungen für den betriebswirtschaftlichen Ablauf zu generieren (Kaufmann & Servatius, 2020, S. 106).

Hypothese 5: Die IT wird aus Gründen der Effizienz und Kosten auf Cloud-Anwendungen umsteigen müssen, womit IT-Architekten zukünftig zu Cloud-Architekten werden.

Noch vor einigen Jahren wagten die wenigsten größeren Unternehmen die wesentlichen Datenmengen ihrer IT in die Cloud umzulagern, während 2020 bereits 82 Prozent aller Unternehmen Cloud-Lösungen einsetzten (Bitkom Research, 2021). Prognosen zufolge spielen eigene Rechner in wenigen Jahren bereits nur noch eine marginale Rolle. Die Cloud setzt sich demnach als Infrastruktur des digitalen Zeitalters durch, während eigene Rechenzentren kaum noch eine Zukunft haben (Zies & Schmid, 2016, S. 2 ff.). Der IT-Architekt wird daher umfunktioniert zum Cloud Architekten, dessen zentrale Tätigkeitsfelder den Aufbau, die Instandhaltung und Entwicklung der Cloud, beziehungsweise der Serverlandschaft und Software beinhaltet (Zies & Schmid, 2016, S. 2 ff.). Zu den Komponenten einer Cloud-Architektur gehören dabei eine *Front-End-Plattform*, welche den Client oder das Gerät, das für den Zugriff auf die Cloud verwendet wird, darstellt, eine *Back-End-Plattform*, welche durch den Server und Speicher, der benötigt wird, dargestellt wird, ein cloud-basiertes Bereitstellungsmodell und ein Netzwerk (Möhring, Keller & Schmidt, 2018, S. 12). Zusammen bilden diese Technologien eine Cloud-Computing-Architektur, auf der Anwendungen ausgeführt werden können und die es den Endnutzern ermöglicht, die Leistungsfähigkeit von Cloud-Ressourcen zu nutzen (Möhring et al., 2018, S. 12).

Die Cloud-Architekten sollten dabei gemeinsam mit der Geschäftsführung strategisch abstimmen, welches Modell der Cloud-Architektur wünschenswert ist. Gründe, warum die Krones AG mehr Fokus auf die Cloud setzen sollte, sind vielseitig. Es beschleunigt die Bereitstellung neuer Anwendungen für die Belegschaft, ermöglicht schnellere Modernisierung von Anwendungen, trägt zur digitalen Transformation bei, schafft größere Transparenz bei Ressourcen für Kostensenkungen und Datenschutzregelungen und ermöglicht schnellstmögliche Bereitstellung von Ressourcen (Sehgal & Bhatt, 2018, S. 150 ff.). Dies sollen lediglich die Hauptfaktoren sein. Eine Studie der CA Technologies zeigt zusätzlich, dass in etwa zwei Drittel der befragten IT-Experten davon ausgehen, dass Cloud Computing als wirkungsstarke Technologie die Agilität im Unternehmen, das Innovationswachstum, wie auch die generelle Zusammenarbeit innerhalb der

Belegschaft fördern wird (Sehgal & Bhatt, 2018, S. 150 ff.). Über 50 Prozent der Teilnehmer sind sich zudem einig, dass die IT aktuell noch zu sehr als einfacher Betreiber der IT-Infrastruktur betrachtet wird, während sich die eigentliche Rolle stärker auf die Serviceorientierung innerhalb des Unternehmens richten sollte, zu welcher cloud-basierte Services ebenfalls beitragen würden (Sehgal & Bhatt, 2018, S. 150 ff.). Mit der Umorientierung auf die Cloud und auf mobile Anwendungen steht die IT damit vor der Herausforderung, ihre klassischen Programme browser-tauglich zu machen und den Anforderungen entsprechend zu rüsten (Visintin, 2014, S. 49).

4 Fazit

Aus den aufgestellten Hypothesen wird erkenntlich, wie unterschiedlich und variabel die Auswirkungen auf Unternehmen und ihre IT-Architektur sein können, wobei die aufgezeigten Punkte lediglich einen Ausschnitt der gesamten Veränderungen darstellen. Die IT wird dabei in einem sich zu jederzeit in Bewegung befindenden Umfeld stetig vor neue Herausforderungen gestellt, die es zu bewältigen gilt. Wurde die IT lange Zeit noch als Mittel zum Zweck angesehen, so stellt eine flexible und reaktionsfähige IT heute oftmals einen Wettbewerbsvorteil dar (Schütz, 2017, S. 10 ff.). Durch das stetige Fortschreiten der Digitalisierung werden auch Anforderungen durch jegliche Stakeholder zunehmend anspruchsvoller und beinhalten oftmals die Integration moderner Technologien, die der Industrie 4.0 zuzuordnen sind (Schütz, 2017, S. 10 ff.). Es bedarf daher eines Umdenkens, das die Rolle der IT neudefiniert, in der IT-Architekten nicht mehr in einer rein ausführenden Rolle zu finden sind, sondern sich viel mehr als Gestalter und Vordenker positionieren. Die historisch gewachsenen und komplexen IT-Landschaften stehen dem oftmals im Weg, weshalb es klare Strategieanpassungen braucht, die zwar großen Arbeitsaufwand und Ressourceneinsatz mit sich bringen, doch um langfristig mithalten zu können, eine Notwendigkeit darstellen. Ob dies dabei die Umstellung auf eine serviceorientierte Architektur oder den Einsatz moderner Technologien wie Künstliche Intelligenz beinhaltet, muss jede Organisation eigenständig und individuell prüfen. Gewiss ist jedoch, dass herkömmliche IT-Strukturen schon bald überholt sein werden.

Literaturverzeichnis

Ahlemann, F., Stettiner, E., Messerschmidt, M. und Legner, C. (2012): *Strategic Enterprise Architecture Management*. Berlin: Springer Verlag.

Arnold, N., Frieß, H., Roose, J. & Werkmann, C. (2020). *Künstliche Intelligenz in Einstellungen und Nutzung bei unterschiedlichen Milieus in Deutschland*. Berlin: Konrad-Adenauer-Stiftung e.V.

Baars, H. & Kemper, H. (2021). *Business Intelligence & Analytics - Grundlagen und praktische Anwendungen (4.)*. Wiesbaden: Springer Verlag.

Bauer. W., Schlund, S., Marrenbach, D. & Ganschar, O. (2014). Industrie 4.0 – Volkswirtschaftliches Potenzial für Deutschland. Berlin: Bitkom.

Beck, K., Beedle, M., Bennekum, A., Cockburn, A., Cunningham, W., Fowler, M. et al. (2001). Manifesto for Agile Software Development. Zugriff am 01.02.2021, Verfügbar unter www.agilemanifesto.org

Bitkom Research (2021). Nutzung von Cloud Computing in Unternehmen in Deutschland in den Jahren 2011 bis 2020, zitiert nach statista.com, Zugriff am 04.01.2022, Verfügbar unter https://de.statista.com/statistik/daten/studie/177484/umfrage/einsatz-von-cloud-computing-in-deutschen-unternehmen-2011/

Bocksch, R. (2021). Datenbetrug größtes Cyber-Risiko. Zugriff am 30.12.2021, Verfügbar unter https://de.statista.com/infografik/25623/entwicklung-der-bewertung-von-cyber-risiken/

Bolkart, J. (2021). Cybersichertheit: Statista Dossierplus über die steigende Bedrohungslage durch Cyberkriminalität. Hamburg: Staista.

Bossert, O. & Laartz, J. (2016). How enterprise architects can help ensure success with digital transformations. Zugriff am 12.12.2021, Verfügbar unter https://www.mckinsey.de/business-functions/mckinsey-digital/our-insights/how-enterprise-architects-can-help-ensure-success-with-digital-transformations

Bundesministerium für Wirtschaft und Energie – Plattform Industrie 4.0. (2019). Zugriff am 24.02.2021, Verfügbar unter https://www.plattform-i40.de/PI40/Navigation/DE/Industrie40/WasIndustrie40/was-ist-industrie-40.html

Costello, K. & Rimol, M. (2020). Gartner-Umfrage mit fast 2.000 CIOs zeigt, Top-Performer-Unternehmen priorisieren digitale Innovation auch während der Pandemie. Zugriff am 12.12.2021, Verfügbar unter https://www.gartner.de/de/newsroom/pressemitteilungen/2020-10-20-gartner-umfrage-mit-fast-2000-cios-zeigt-dass-top-performer-unternehmen-digitale-innovation-auch-waehrend-der-pandemie-prioritisieren

Dern, G. (2006). Management von IT-Architekturen: Leitlinien für die Ausrichtung, Planung undGestaltung von Informationssystemen (2.). Wiesbaden: Springer Verlag.

Ematinger, R. (2018). Von der Industrie 4.0 zum Geschäftsmodell 4.0. Wiesbaden: Springer Gabler.

Frawley, W., Piatetsky-Shapiro, G. & Matheus, C. (1991). Knowledge discovery in databases: An overview. *AI magazine, Volume 13 (3),* S. 1 – 27.

Gartner Inc. (2021 a) Gartner Forecasts Global Devices Installed Base to Reach 6.2 Billion Units in 2021. Zugriff am 02.01.2022, Verfügbar unter https://www.gartner.com/en/newsroom/press-releases/2021-04-01-gartner-forecasts-global-devices-installed-base-to-reach-6-2-billion-units-in-2021

Gartner Inc. (2021 b). Gartner Hype Cycle: Wie man Technologie-Hype interpretiert. Zugriff am 20.12.2021, Verfügbar unter https://www.gartner.de/de/methoden/hype-cycle

Godina, R., Ribeiro, I., Matos, F., Ferreira, T., Carvalho, H. & Peças, P. (2020). Impact Assessment of Additive Manufacturing on Sustainable Business Models in Industry 4.0 Context. *MDPI Sustainability, 12 (17).*

Gölzer, P. (2016). Big Data in Industrie 4.0: Eine strukturierte Aufarbeitung von Anforderungen, Anwendungsfällen und deren Umsetzung. Erlangen-Nürnberg: Technische Fakultät der Friedrich-Alexander-Universität.

Hellinger, A., Stumpf, V. & Kobsda, C. (2013). Umsetzungsempfehlungen für das Zukunftsprojekt Industrie 4.0: Abschlussbericht des Arbeitskreises Industrie 4.0. Frankfurt: acatech – Deutsche Akademie der Technikwissenschaften e.V. & Forschungsunion Wirtschaft – Wissenschaft.

Hildebrand, K. (1993). Zur Begriffsvielfalt bei Informationssystem-Architekturen: Ein Vorschlag für eine einheitliche Terminologie. In H. Reichel (Hrsg.), Informatik — Wirtschaft — Gesellschaft (S. 74 – 80). Wiesbaden: Springer Verlag.

Hülsbömer, S. (2021). Studie IT-Modernisierung 2021. München: IDG Research Services.

IBM Cloud Education (2021). SOA (Service-Oriented Architecture). Zugriff am 02.01.2022, Verfügbar unter https://www.ibm.com/cloud/learn/soa

Ihlau, S. & Duscha, H. (2019) *Besonderheiten bei der Bewertung von KMU: Planungsplausibilisierung, Steuern, Kapitalisierung* (2). Wiesbaden: Springer Verlag.

Kaufmann, T. & Servatius, G. (2020). *Das Internet der Dinge und Künstliche Intelligenz als Game Changer: Wege zu einem Management 4.0 und einer digitalen Architektur.* Wiesbaden: Springer Verlag.

Keller B. (2019). Die Reise(n) durchs Touchpoint Management. In B. Keller & C. Ott (Hrsg.), *Touchpoint Management: Entlang der Customer Journey erfolgreich agieren* (2.) (S. 35 – 70). Freiburg: Haufe Gruppe.

Keller, W. & Oelmeier, F. (2014). IT-Security für (Unternehmens-)Architekten: Was Sie als IT-Architekt über IT-Security wissen sollten. *OBJEKTspektrum, 04/2014*, S. 60 – 66.

Klage, D. (2010). Grundsätzlich offen für Neues – wie IT-Architektur Innovationen begünstigen kann. *Wirtschaftsinformatik und Management, 04/2010*, S. 64 – 68.

Krcmar, H. (1990). Bedeutung und Ziele von Informationssystem-Architekturen. *Business and Information Systems Engineering the international journal of Wirtschaftsinformatik, 32*, S. 395 – 402.

Krones AG (2021 a). Über uns: Das Synonym für Systemtechnik: Krones. Zugriff am 01.10.2021, Verfügbar unter https://www.krones.com/de/unternehmen/ueber-uns.php

Krones AG (2021 b). Konzern Geschäftsbericht 2020. Neutraubling: Krones AG.

Lauschke, S. (2005). Softwarekartographie: Analyse und Darstellung der IT-Landschaft eines mittelständischen Unternehmens. München: Technische Universität München.

Marty, R. (2004). IT-Architektur: Gestaltungsmittel zur Umsetzung der IT-Strategie. In J. Moormann & T. Fischer (Hrsg.), Handbuch Informationstechnologie in Banken. Wiesbaden: Springer Verlag.

Maschler, B., White, D. & Weyrich, M. (2020). Anwendungsfälle und Methoden der künstlichen Intelligenz in der anwendungsorientierten Forschung im Kontext von Industrie 4.0. In B. Vogel-Heuser, M. Hompel & T. Bauernhansl (Hrsg.), *Handbuch Industrie 4.0*. Berlin: Springer Verlag.

Matthes, F. & Wittenburg, A. (2004). Softwarekarten zur Visualisierung von Anwendungslandschaften und ihren Aspekten - Eine Bestandsaufnahme. München: Technische Universität München.

Meinhardt, S. & Popp, K. (2018). Digitale Geschäftsmodelle. HMD Praxis der Wirtschaftsinformatik, 55, S. 229 – 230.

Möhring, M. Keller, B. & Schmidt, R. (2018). *CRM in der Public Cloud: Praxisorientierte Grundlagen und Entscheidungsunterstützung.* Wiesbaden: Springer Verlag.

Naisbitt, J. (1986). *Megatrends: Ten New Directions Transforming our lives.* Paris: Time Warner Trade Publishing.

Niemann, K. (2005). *Von der Unternehmensarchitektur zur IT-Governance* (1.). Wiesbaden: Springer Verlag.

Pulparambil, S., Baghdadi, Y., Al-Hamdani, A. & Al-Badawi, M. (2017). Exploring the main building blocks of SOA method: SOA maturity model perspective. *SOCA 11*, S. 217 – 232

Ross, J., Weill, P. & Robertson, D. (2006). Enterprise Architecture as Strategy: Creating a Foundation for Business Execution. Boston: Harvard Business School Press.

SAP (2022). Das Potenzial einer In-Memory-Datenbank mit SAP HANA nutzen. Zugriff am 03.01.2022, Verfügbar unter https://www.sap.com/germany/products/hana.html

Scheid, K. & Prädel, J. (2017). Studie IT-Trends 2017: Überfordert Digitalisierung etablierte Unternehmensstrukturen? Berlin: Capgemini SE.

Schütz, A. (2017). *Komplexität von IT-Architekturen: Konzeptualisierung, Quantifizierung, Planung und Kontrolle.* Wiesbaden: Springer Verlag.

Sehgal, N. & Bhatt, P. (2018). *Cloud Computing: Concepts and Practices.* Wiesbaden: Springer Verlag.

Statista Digital Economy Compass 2019 (2019). So viel Speicherplatz verbraucht das Zettabyte-Zeitalter, zitiert nach de.statista.com, Zugriff am 20.11.2021, Verfügbar unter https://de.statista.com/infografik/17739/speicherplatz-bedarf-im-zettabyte-zeitalter/

Tamm, T., Seddon, P. B., Shanks, G. & Reynolds, P. (2011). How Does Enterprise Architecture Add Value to Organisations? *Communications of the Association for Information Systems*, 28 (1), S. 141-168.

Tiemeyer, E. (2009). IT-Architekturen - planen und managen. In E. Tiemeyer (Hrsg.), Handbuch IT-Management: Konzepte, Methoden, Lösungen und Arbeitshilfen für die Praxis (3.) (S. 74 – 125). München: Hanser.

USU Software AG (2020). Spotlight Artificial Intelligence: Wie AI die Kapazitäten im IT-Service steigert und dabei Kosten senkt. Möglingen: USU Software AG.

Visintin, G. (2014). Mit Scrum und Avataren zu neuer IT-Architektur und Usability. *Wirtschaftsinformatik & Management volume 6*, S. 48 – 51.

Weinreich, U. (2016). *Lean Digitization: Digitale Transformation durch agiles Management*. Berlin Heidelberg: Springer Gabler.

Zachman, J. (1987). A Framework for Information Systems Architecture. *IBM Systems Journal 26*, S. 276 - 292.

Ziefle, M. (2013). Ungewissheit und Unsicherheit bei der Einführung neuer Technologien. In S. Jeschke, E. Jakobs & A. Dröge (Hrsg.), *Exploring Uncertainty* (S. 83 – 104). Wiesbaden: Springer Fachmedien Wiesbaden.

Ziegler, S. & Müller, A. (2009). Service-orientierte Architekturen (2.). Berlin: Bitkom.

Zies, I. & Schmid, U (2016). Mehr Tempo, weniger Altlasten: IT-Architektur im digitalen Zeitalter. München: Bain & Company Germany.